Melle Siegfried

Die Schnodders

Zähne putzen? Wozu?

Sonderausgabe der Verlagsgruppe Random House GmbH
Copyright © 2019 dieser Ausgabe by cbj Kinder- und Jugendbuchverlag
in der Verlagsgruppe Random House GmbH
Neumarkter Str. 28, 81673 München
Umschlaggestaltung: m-design, Köln
Umschlagbild: Marc Robitzky
Printed in Italy 2019
ISBN: 978-3-570-50958-6

www.cbj-verlag.de

Melle Siegfried

Die Schnodders

Zähne putzen? Wozu?

Mit Illustrationen von Marc Robitzky

Kai sitzt im Schneidersitz vor seinem Bett und blättert in seinem Lieblingsbuch. Dem über Dinosaurier. Jedes Mal, wenn er das Bild vom großen, Zähne bleckenden Tyrannosaurus sieht, der einer Herde kleinerer Saurier hinterhertrampelt, durchfährt in ein schauriges Kribbeln. Der Dino reißt sein Maul auf und schnappt nach seinem Opfer. Diese messerscharfen Beißer müsste man haben, denkt Kai, während er die spitzen Zähne des Dinosauriers betrachtet.

„Grrrrrr", knurrt er und greift in die Süßigkeitentüte mit den Weingummi-Dinos, die neben ihm auf dem Boden liegt. „Hab ich dich, es gibt kein Entkommen! Harrrr, hmmmmmm!" Genüsslich kauend verputzt Kai einen Weingummi-Dino nach dem anderen.

„Kai? Kai!", hört er seine Mutter rufen.
Schnell stopft er die Süßigkeitentüte unter sein Bett. Keinen Moment zu spät, denn schon öffnet sich die Kinderzimmertür.
„Feierabend, Schatz", sagt seine Mutter. „Komm mit ins Bad, Zähne putzen."
„Oh nee", mault Kai. „Heute nicht, okay Mama? Ich habe doch heute Morgen geputzt und gestern und vorgestern. Das reicht doch für diese Woche." Kais Mutter schüttelt den Kopf.
„Jeden Abend", sagt sie mit unerbittlicher Miene. „Die Zähne musst du nicht nur morgens, sondern auch jeden Abend vor dem Schlafengehen putzen."

Kai springt auf und stampft ihr wütend hinterher.

„Dinos putzen NIE die Zähne!", ruft er. „Und die haben viel größere und gefährlichere Zähne als ich."

„Ja", sagt Mama. „Das mag sein. Aber sie essen auch keine Gummibärchen."

Kai läuft tomatenrot an. Hat Mama etwa die Tüte unter seinem Bett gesehen? Er durfte nämlich nach dem Abendessen gar nichts mehr naschen. Weil er sich heute auf dem Geburtstag seines besten Freundes Anton schon so richtig mit Süßkram vollgefuttert hatte. Vielleicht meint Mama ja die Gummibärchen auf dem Geburtstag und nicht seinen Geheimvorrat. Also antwortet er seiner Mutter in diesem Moment besser nicht.

Gut so. Sie hat die Süßigkeitentüte nicht bemerkt. „Komm jetzt!", sagt sie nur.

Mit hängenden Schultern trottet Kai ihr ins Bad hinterher.

„Mund auf!", befiehlt Mama jetzt und nähert sich Kais Mund mit der roten Zahnbürste.

Kai beißt seine Zähne fest zusammen.

„Daff kann iff felber", presst er zwischen den Lippen hervor und greift nach der Zahnbürste.

Seine Mutter überlässt ihm die Bürste.

„Aber gründlich!" ermahnt sie ihn und verlässt das Badezimmer.

Kai lässt sich auf den geschlossenen Klodeckel plumpsen. Lustlos kaut er auf den Borsten herum, auf die seine Mutter schon einen Klecks Zahnpasta gegeben hatte. Nach einer Weile wirft er die Zahnbürste ins Waschbecken, dreht den Wasserhahn auf und spült sich den Mund aus. Dann flitzt er um die Ecke ins Wohnzimmer, wo seine Eltern auf dem Sofa sitzen.

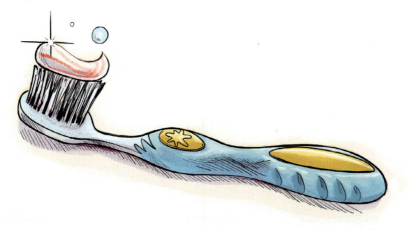

„Fertig!", ruft er und drückt seiner Mutter einen Kuss auf die Wange.

„Hmm, Zahnpastaatem, so soll es sein. Gute Nacht, mein Pfefferminzprinz. Hopphopp ins Bett", lächelt Mama.

„Ich bin kein Prinz, ich bin ein Raubritter. Oder noch besser – ein messerscharfzahniger Dino. Und du bist mein Abendessen!", ruft Kai und hüpft Papa auf den Rücken.

Der galoppiert mit ihm Richtung Kinderzimmer.

„Brrrrr, stop! Hier dürfen Reittiere nicht rein!"

Kai lässt sich von Papa vor der Kinderzimmertür absetzen. Er geht lieber auf Nummer sicher. Das wäre ja zu blöd, wenn sein Vater seinen Süßigkeitenvorrat unter dem Bett entdeckt. Er verabschiedet sich mit einem schnellen Kuss und verschwindet in seinem Zimmer.

Bevor Kai sich hinlegt, greift er unter das Bett und tastet nach der Weingummitüte. War sie nicht eben noch da? Kai streckt die Fingerspitzen aus. Nichts. Er legt sich flach auf den Bauch und macht den Arm ganz lang. Keine Tüte. Kai runzelt die Stirn. Er ist sich ganz sicher, dass er die Tüte hinter den Lego-Haufen geschoben hat, kurz bevor Mama ins Zimmer kam. Kai nimmt seine Nachttischlampe und stellt es auf den Boden.

Als das Licht unter das Bett fällt, hat Kai ganz kurz das Gefühl, er hätte etwas davonhuschen sehen. Staubflocken wirbeln unter dem Bett herum und sinken langsam wieder zu Boden.

Er schüttelt den Kopf. Und dann sieht er die Tüte. Sie liegt ganz hinten an der Fußleiste. Kai legt sich auf den Bauch, schiebt sich unter das Bett und streckt die Hand aus.

„LASS DAS!", befiehlt da eine fremde Stimme. Kai erschreckt sich so sehr, dass er sich den Kopf am Lattenrost anhaut.

„Aua!", schimpft er und greift erneut nach der Tüte.
Er erwischt sie am Zipfel und zieht. Aber die Tüte scheint irgendwo festzuhängen. Das gibt es doch nicht. Kai zieht fester.
„LASS LOS!", motzt da die Stimme wieder und Kai lässt los. Vor Schreck. Und Verwunderung. Und was er dann sieht, lässt seinen Mund offenstehen wie ein Scheunentor.

Die kleine Hand fest um die Ecke der Weingummitüte geballt, erscheint im Schatten des Teddybären, der ganz hinten an der Wand liegt, ein winziges ... – ja was ist es denn? Es ist ein kleines Männchen mit einer dicken Knollnase und einer blauen Mütze, die ihm schief in die Augen hängt.

„Wer bist du?", fragt Kai ganz mutig und pustet eine Staubflocke weg.

„Iggy Schnodder", antwortet der kleine Mann und pustet die Fluse zurück.

Dann schiebt er mit Schwung die Mütze hoch.

„Ich bin Iggy Schnodder, Nummer 1 der Schnodders und Chef aller Schnodders."

„Chef?", horcht Kai auf. „Gibt es noch mehr solche wie dich?"

Iggy kichert spitz. „Oh ja. Viele. Und jetzt lass die Tüte los. Ist sowieso nichts mehr drin."

Iggy zieht an der Tüte. Kai zupft feste zurück und zieht Iggy Schnodder ein Stück in seine Richtung. Jetzt kann er den Kobold richtig sehen. Er trägt eine kleine, schmuddelige Hose und eine winzige Jacke und grinst Kai frech an. Unter einer verrutschten, blauen Mütze lukt ein eigenartig spitzes Ohr hervor. Kai wagt einen Blick auf die Weingummi-Tüte und tatsächlich, sie ist fast leer. Drei Weingummis sind noch darin. Dabei hatte er doch vorhin höchstens zehn Dinos gegessen.

„Hast du die alle weggefressen?", ruft er und hält sich schnell die Hand vor den Mund. Seine Eltern sollen ihn auf keinen Fall hören! Der Kobold blitzt ihn wütend an.

„Weggefressen? Du hattest ja Wichtigeres zu tun. Zähne benutzen oder so. Von einem, der sich von wichtigen Dingen wie Süßigkeiten abhalten lässt, lasse ich mich nicht anmeckern!"

Kai muss lachen. „Zähne benutzen doch nicht. Zähne putzen!"

„Zähne putzeln? Was soll das denn sein?", hört Kai da eine zweite Stimme, die eindeutig lispelt.

Hinter Iggy taucht ein zweiter Kobold mit zerzausten, roten Haaren auf.

„Au Backe, Mick", stöhnt Iggy. „Weißt du das nicht mehr? Zähne putzen ist diese überflüssige Sache, die Menschen dauernd machen. Mit dieser Bürste. Im Mund – hin und her." Iggy fährt hektisch mit dem Finger über seine Zähne und starrt Mick herausfordernd an.

„Klar Boss, klar, sicherlich hab ich das gewuzt. Aber auch in diesem runden Ding durch das das Wasser so schön rauscht, wenn man auf den Knopf drückt. Da bürstet man auch damit, ne?"

„Bah!" Kai muss lachen. Die Vorstellung mit einer Zahnbürste das Klo … und dann … Iggy nickt beifällig mit dem Kopf.

„Mick, du hast wirklich gute Ideen. Wenn ich dich nicht hätte." Er haut Mick so feste auf die Schulter, dass er zur Seite in einen Haufen schmutziger Socken kippt.

„Aua", sagt der Sockenhaufen. Es muss der Sockenhaufenhaufen gewesen sein. Kai könnte schwören, denn Mick hat den Mund kein bisschen bewegt. Er starrt auf den rothaarigen Kobold, der wie wild an einer geringelten Socke zerrt. Der Strumpf wird lang und länger, fliegt weg und – schwupps – erscheint ein dritter Kobold.

„Motz", sagt Mick. „Hier steckst du. Ständig liegst du irgendwo rum und kriegst nichts mit." Motz zieht beleidigt seine Knollnase kraus und schiebt sich ein Büschel widerspenstiger Locken aus den Augen.

„Ich hab alles mitgekriegt. Ihr habt über Zähnestutzen gesprochen. Ich weiß auch was das ist. Das ist, wenn sich zwei große starke Männer mit kurzen Hosen und dicken Handschuhen in so einem Boxding gegen das Kinn hauen."

Kai kichert. „Boxding, hihi. Wie viele seid ihr denn? Hier ist ja plötzlich ein ganzes Nest von euch."

„Wir sind kein Nest!", ruft Motz. „Wir sind Geschwister."

„Motz, was redest du denn da", protestiert Mick. „Wir sind doch keine Schwestern."

„Brüder", ruft Iggy dazwischen. „Wir sind Brüder. Darf ich vorstellen? Das ist unser Bruder Motz Schnodder." Er zeigt auf den strubbeligen Kobold. „Das ist Mick", der rothaarige Kobold grinst Kai schief an, „Und ich bin Iggy. Willst du eigentlich noch lange unter deinem Bett rumliegen?"

Erst jetzt fällt Kai auf, dass er noch immer bis zur Hüfte unter seinem Bett steckt. Langsam schiebt er sich ins Freie.

Motz, der mittlerweile Kais Socke als Mütze trägt, huscht unter dem Bett hervor und klettert über Kais Bücherstapel ins Bett.

„Hmmm, gemütlich", brummt er und verschwindet Staubflusen auf dem Laken verteilend unter Kais Kopfkissen.

„Und was machen wir jetzt?", fragt Mick, der auf Kais Matratze auf und ab hüpft.

„Achterbahn", schlägt Iggy vor.

„Jaaa, Achterbahn!" Mick ist sofort Feuer und Flamme.

Noch bevor Kai fragen kann, was Achterbahn bedeutet, kippt Iggy den Bücherstapel um, Motz kommt unter dem Kissen hervorgeschossen und schon rodeln die drei Kobolde den Bücherberg hinunter. Flink wie ein Eichhörnchen klettert Mick an Kais Bücherregal hinauf und schon hagelt es Spielzeugmännchen. Mick segelt an einem Comic-Heft hängend an Kai vorbei zurück aufs Bett.

„Kissenschlacht!", kreischt Iggy und haut Motz mit Kais kleinem Kuschelkissen um. Kai lacht sich kringelig. Er schnappt sich ein Stofftier und zielt auf Iggy. Aber Iggy ist schneller, duckt sich und Kai erwischt Motz, der sich gerade wieder aufrappelt. Im hohen  Bogen fliegt der Kobold in Kais Bettdecke. Mick stürzt sich von hinten auf Iggy, ringt mit ihm und rempelt ihn vom Bett. Bautz.

„Na warte", gackert Iggy. „Fang!", ruft er und wirft Kai einen fusseligen Weingummi-Dino zu. Doch Mick ist schneller. Er fängt den Dino aus der Luft und stopft ihn sich schnell komplett in den Mund.

„Köfftliff!", mampft er und spuckt ein paar Staubflusen aus. „Gibt eff noch mehr?" Kai nickt. In seiner Sockenschublade hat er immer einen Geheimvorrat an Süßigkeiten versteckt. Er wühlt darin und holt eine Tüte Kaubonbons und eine Tafel Schokolade hervor. Mit fragendem Blick hält er beides in die Höhe. Die Schnodders stürzen sich mit großem Jubel auf die Schokolade und rupfen das Papier ab.

„Her damit!", brüllt Iggy.

„Aber ... ey, ich hatte sie zuerst!", schimpft Mick und stürzt sich auf Iggy. Während die beiden sich balgen, schnappt sich Motz die Tafel und zupft seelenruhig das Papier von der Schokolade. Schneller als Kai gucken kann, liegt das ganze Bett voller Papierschnipsel und ein herrlich süßer Schokoladenduft wabert durchs Kinderzimmer.

„Das riecht nach Frieden", knarzt Iggy und macht es sich am Fußende des Bettes bequem. Mick und Motz lassen sich neben ihn sinken. Zufrieden mampfend liegen die Kobolde auf Kais Plüsch-Dino und beschmieren ihn mit ihren Schokoladenfingern.

„Auch was?", Iggy streckt Kai die Schokolade entgegen. Kai bricht sich einen Riegel ab und kuschelt sich zufrieden in seine Bettdecke. Schokolade im Bett zu essen ist herrlich gemütlich und die Schnodders scheinen wirklich lustige Zeitgenossen zu sein.

„Es schmeckt so fein die Schokolade, da wär' doch Zähne putzen schade ...", hört Kai Iggy Schnodder singen. Grinsend schläft er ein.

„Kai, aufstehen. Es ist Zeit für den ..." Die letzten Worte bleiben Mama im Hals stecken, als sie die Leselampe neben Kais Bett anknipst. „Was ist denn hier los? Kai, was fällt dir ein?" Kai blinzelt verschlafen und reibt sich die Nase. Sein Kopfkissen ist voller Schokoladenkrümel. Er schaut sich um. Sein ganzes Bett ist voller Schokofingerabdrücke, die Bücher liegen kreuz und quer im Zimmer verstreut und dazwischen wimmelt es nur so vor Spielzeugmännchen. Das leere Schokoladenpapier liegt gut sichtbar am Fußende seines Betts. Mama rauft sich die Haare.

„Das passiert also, wenn du alleine ins Bett gehst", schimpft sie. „Nach dem Zähneputzen noch Schokolade essen und dann dieses Durcheinander! Ich glaube es nicht! Los, aufstehen und Gesicht waschen. Dann frühstückst du und dann geht es in den Kindergarten. Aufräumen kannst du heute Nachmittag."

Kais Mutter geht vor ins Badezimmer. Kai trödelt ihr lustlos durchs Kinderzimmer hinterher. Als er an seiner Kommode vorbeikommt hört er ein leises Geräusch aus seiner halb geöffneten Sockenschublade.

Nanu, was ist das denn? Kai wirft einen Blick hinein und sieht die drei Kobolde zwischen den zerwühlten Socken liegen. Motz hält eine grüne Socke im Arm und schnarcht zufrieden vor sich hin. Iggy öffnet die Augen und blinzelt verschlafen.

„Hey, Kai. Mach mal die Schublade zu. Ist so hell da draußen." Als er die Schublade zuschiebt hört Kai einen ordentlichen Koboldpups. Er verschwindet kichernd und mit viel besserer Laune im Bad.

Beim Blick in den Badezimmerspiegel prustet Kai los. Er hat einen richtigen Schokovollbart. Schnell wischt er mit der nassen Hand über sein Gesicht und putzt seine Zähne: Drei Mal schrubben rechts, drei Mal links, Ausspülen, fertig. Kai flitzt in die Küche, wo seine Mutter mit strenger Miene wartet.
„Nachdem du heute Nacht schon so viel Süßes gefuttert hast, gibt es heute kein Schokobrot für die Schule. Käse?" Kai nickt und isst seine Cornflakes. Mama steckt ihm noch einen Apfel und ein Trinkpäckchen in den Frühstücksbeutel.

„Geh schnell deine Zähne putzen", bittet sie ihn.
„Habe ich doch schon gemacht", sagt Kai und zeigt ein breites Grinsen. „Guck, ganz sauber."
„Zähne putzen vor dem Frühstück? Na gut. Aber ich verstehe wirklich nicht, wieso du abends nach dem Zähneputzen noch naschen musst", fängt Mama noch einmal an. „Und warum du dann noch all dein Spielzeug umherwirfst."
„Eigentlich war ich das gar nicht!", will Kai gerade sagen, aber dann schluckt er die Worte schnell hinunter. Er will seine neuen Freunde auf keinen Fall verraten. So ordentlich wie seine Mutter immer ist, würde sie die lustigen Schnodders bestimmt kurzerhand rauswerfen!

Nach dem Kindergarten flitzt Kai direkt in sein Zimmer und rüttelt an der Sockenschublade. Die Schublade fliegt mit lautem Scheppern auf und Motz springt heraus. „Wer, wo?", schreit er und fuchtelt um sich. Schon muss Kai wieder lachen. Der rothaarige Kobold sieht völlig verschlafen aus und ist, wie Kai am Morgen, noch völlig schokoladenverschmiert.

„Du musst mal Zähne putzen", sagt Kai.

„Echt, meinst du?" Motz schaut Kai zweifelnd an.

„Quatsch mit Matsch", sagt da Iggys Stimme. „Zähne putzen ist die totale Zeitverschwendung. Wie lange soll man das noch gleich machen? Vierzig Minuten?" „Nein, drei Minuten", erwidert Kai. „Drei Minuten morgens und drei abends."

„Das ist echt lange", staunt Motz.

„Jaaa, ECHT lange", sagt Mick. „Hab ich gleich gewutzt. Totale Zeitverschwendung, genau, Chef." Iggy blinzelt listig.

„Ich weiß, wie man die Zeit viel sinnvoller verbringen kann", gackert er und taucht in die

Sockenschublade ab. Kurz darauf taucht er mit der knisternden Kaubonbontüte auf. „Frühstück!", ruft er und reißt den Beutel auf.

„Du wirfst und ich fange sie mit dem Mund aus der Luft", bestimmt Iggy und beginnt wie verrückt auf Kais Bett auf und ab zu hopsen. Kai packt ein Kaubonbon aus, wirft es und Iggy schnappt danach. Daneben. Das Kaubonbon fällt klackernd hinter das Bett.

„Jetzt ich", ruft Mick und auch Motz springt nun auf die Matratze. Wie die Flöhe hüpfen die Kobolde herum und versuchen, die Bonbons aus der Luft zu schnappen.

Kai stopft sich eine Handvoll Kaubonbons in den Mund und macht mit. So viel Spaß hatte er lange nicht. Doch der Spaß findet ein jähes Ende, als plötzlich Mama im Zimmer steht.

„Kai, was ist bloß in dich gefahren?", fragt sie, als sie Kai inmitten der Kaubonbonpapierchen und heruntergepurzelten Bonbons herumspringen sieht. „Und was hast du da im Mund? Sind das alles ...?"

„Kaubommbommff", murmelt Kai und schaut sich hektisch um.

„Was suchst du denn, noch mehr Bonbons?", fragt seine Mutter und klingt jetzt echt sauer. „Du kannst ja so schon kaum noch sprechen. Räum das bitte auf und dann gehst du dir die Zähne putzen. So viel Zucker ist gar nicht gut für deine Zähne." Sie verlässt Kais Zimmer und schlägt die Tür zu.

„Uiuiuii, die kann ja fauchen", kichert da Iggy hinter der Gardine hervor.

„Ja, und was meinst du, was los ist, wenn sie euch entdeckt!", ruft Kai. „Ich hatte gerade echt Angst, dass sie euch sieht!"

„Ordentliche Erwachsene können uns nicht sehen", erklärt Mick mit wichtiger Miene. „Die können uns höchstens riechen."

Mick haucht Kai, der auf seinem Bett sitzt, mitten ins Gesicht.

„Ärrgs", schnauft Kai. Die Mischung aus süßem Kaubonbonduft und irgendetwas, das ihn an den Komposthaufen auf dem Bauernhof seiner Tante Adelheid erinnert, lässt ihn nach Luft schnappen. Er wedelt hektisch mit der Hand vor seinem Gesicht herum.

„Atemluft mit Schnodderduft", trällert Motz und haucht sich in die Hand, um daran zu schnuppern. „Huiiii, lecker!"

Kai wendet sich angeekelt ab. Er schaut sich um, sein Zimmer sieht wirklich wild aus. Schnell schiebt er alles, was auf dem Boden liegt unters Bett.

„So, fertig aufgeräumt. Ich gehe jetzt Zähneputzen, sonst gibt es richtig Ärger", sagt er und steht auf.

„Was so lecker ist wie Kaubonbons kann doch nicht schaden!", ruft Mick ihm nach, „das hat meine Omamama schon gewuzt!" Aber Kai schenkt ihm keine Beachtung und marschiert schnurstracks Richtung Badezimmer.

Wenn Kai gedacht hat, dass er das Badezimmer alleine erreicht, hat er sich getäuscht. Kaum hat er die Tür hinter sich geschlossen, ertönt Motz' Stimme. „Das ist aber schööön", sagt der Kobold und zeigt auf den Badezimmerspiegel.

Dort turnt Iggy herum und malt mit quietschendem Finger Kringel auf die glänzende Oberfläche. Kai hält seine Zahnbürste unter den Wasserhahn und will gerade etwas Zahnpasta auf die Borsten drücken, als die Kobolde die Tube entdecken.

„Farbe!", kreischt Iggy begeistert und reißt sie Kai aus der Hand. „Noch viel besser!"

Er quetscht eine Zahnpastawurst auf die Ablage neben sich und taucht seinen Finger hinein. „Ein Quiz", ruft er begeistert. „Wie lange soll Kai Zähne putzen?"

„Drei Minuten", sagt Kai.

„Falsch!" Iggy malt einen senkrechten Strich wie beim Galgenrätsel.

„Garnicht?", fragt Motz und kratzt sich am Po.

„Richtig!", sagt Iggy. „Du bist dran mit Fragen stellen, Motz."

„Ich hab's aber auch gewutzt!", ruft Mick. Aber Motz war ausnahmsweise mal schneller. „Hmmm" grübelt er. „Was kann man hiermit machen?" Er deutet auf Kais rote Zahnbürste. Iggy macht einen Satz und reißt Kai die Bürste aus der Hand.

„Schrubbst du hiermit dir den Po, werden auch die Schnodders froh!" singt er und bürstet sich den Hosenboden, dass sich die Borsten biegen. Kai muss so lachen, dass ihm schon die Tränen in die Augen steigen. „Los Mick", ruft Iggy jetzt. „Kampf der  Borstenritter!" Er wirft Mick die Zahnbürste von Kais Vater zu. Mick schnappt sich eine flache Cremedose als Schild und los geht der Schwertkampf. Iggy kämpft verbissen und drängt Mick an den Rand des Waschbeckens. „Nimm dies!", ruft er und sticht mit Kais Bürste zu. Mick macht einen Satz zur Seite, rutscht aus und wirft seine Waffe vor Schreck weg. Die blaue Zahnbürste fliegt im hohen Bogen in die Toilette. Kai keucht vor Lachen.

„Aufhören", schnieft er und stützt sich am Waschbecken ab.

„Eindeutiger Borstensieger ist Iggy!" ruft Motz, reckt die Arme in die Höhe, macht einen Freudenhüpfer und landet genau auf der offenen Zahnpasta-Tube.

Eine weiß-rot-gestreifte Zahncremeschlange schießt auf Kai zu und klatscht auf sein T-Shirt. „Coooool", sagt Mick beeindruckt. „Was für ein Schuss, Motz Schnodder." Motz verbeugt sich geehrt.

„Aha", sagt Mama, als sie Kai sieht. „Du hast allem Anschein nach die Zähne geputzt." Kai nickt wild.

„Wenn die wüsste", denkt er bei sich. Mit den Schnodders ist das Zähneputzen viel lustiger. Aber wenn er Mama verrät, was im Badezimmer los war, ist der Spaß schnell zu Ende. Also lieber nichts sagen. Auch die nächsten Tage hält Kai dicht. Mama und Papa kriegen von den abendlichen Süßigkeiten-Partys nichts mit. Schokoriegel-

Wettfutter-Turniere, Kaugummikugelzielschießen und jede Menge Weingummi nach dem Zähneputzen. Dass das Ins-Bett-Gehen so spaßig sein kann, hätte Kai nicht gedacht. Mama und Papa sind ganz stolz, dass Kai so selbständig geworden ist. Ihnen hat er ja auch gesagt, dass er abends zum Einschlafen noch Comics anguckt. Lesen finden sie richtig klasse. Von den Schnodders hat er ihnen natürlich nichts erzählt. Auch nicht, dass sie es waren, die die Zahnbürsten hinter der Toilette versteckt, den Spiegel bemalt und die ganze Tube Zahnpasta im Abfluss des Waschbeckens ausgedrückt haben. Den Ärger dafür hat er kassiert.

„Zeig mal deine Beißerchen!", fordert Iggy am nächsten Morgen, als Kai Zähne putzen soll. Kai grinst ihm breit ins Gesicht. „Ja, Schnodderschmodder der feinsten Sorte!", ruft Iggy. „Mick, Motz, ich denke Kai ist bald soweit. Er kann unser richtiger Schnodder-Bruder werden." Kai schluckt. Schnodderschmodder? So ein müffelnder Koboldbruder möchte er eigentlich nicht sein. Kai grinst nun auch sein Spiegelbild an.

„Ihhh!", entfährt es ihm. „Ich habe wirklich Schmodderzähne!"

„Ja, ist das nicht herrlich?" Motz, der auf seiner Schulter sitzt und Kai gerade tief ins Ohr geschaut hat, haut ihm mit stolzer Miene an den Hinterkopf. „Du hast auch wirklich hart daran gearbeitet. Bruder." Das reicht. Kai möchte nicht so schmuddelige Zähne haben. Beherzt greift er nach seiner

Zahnbürste und beginnt zu schrubben. Aber was ist denn jetzt schon wieder los? Wieso schmeckt die Zahnpasta so komisch und wieso steigen ihm Blasen aus dem Mund. Kai spuckt und schaut hoch.

Vor ihm steht Iggy Schnodder, der eingehend seine kleinen, dreckigen Fingernägel betrachtet. In der Hand hält er Mamas teures Shampoo. „Die glänzen bestimmt gleich richtig schön!", flötet er.

Kai findet das gar nicht lustig, weil das Shampoo auch richtig eklig schmeckt. Auf dem Weg zum Kindergarten kommt er ins Grübeln. Eigentlich hat er so langsam genug von den Ideen der Schnodders.

„Übrigens", sagt Mama am Donnerstagmorgen. „Heute Nachmittag ist dein Kontrolltermin bei Doktor Putz." Doktor Putz ist der Zahnarzt, den Kai schon kennt, seit er denken kann. Mama hat in sein Fotoalbum sogar ein Bild

geklebt, auf dem Kai bei seinem allerersten Zahnarztbesuch zu sehen ist. Er ist darauf noch winzig klein und zeigt seine ersten beiden Zähne, und Doktor Putz steht neben ihm, hält seinen Daumen hoch und lacht.

„Okay", sagt Kai, hat aber ein mulmiges Gefühl im Bauch.

Hoffentlich bekommt er keinen Ärger, weil er seine Zähne in der letzten Zeit so schlecht geputzt hat. Und HOFFENTLICH schafft er es, ohne die Schnodders aus dem Haus zu kommen. Wer weiß, was die beim Zahnarzt alles anstellen.

„Äähm, tschüss dann!", ruft er in seine Sockenschublade, als er am Donnerstagnachmittag sein Zimmer verlässt. Sofort taucht Iggy auf.

„Wieso sagst du tschüss? Ziehst du aus? Gehst du auf Reisen? Du weckst uns doch nie morgens auf." Kai ärgert sich über sich selbst. Dass er nicht daran gedacht hat, dass das auffällig sein könnte. Mist aber auch.

„Ne, nichts Besonderes", sagt er schnell. „Ich gehe nur kurz wohin." Ganz leise schiebt er nach: „Muss zum Zahnarzt." Schon ist auch Mick wach.

„Da wollte ich immer schon mal hin!", schreit er und tritt auf Motz, der unter einer Sportsocke schläft.

Hmmpf", macht Motz und taucht neben Iggy und Mick auf.

„Was isn los?", grummelt er. „Gibt es Frühgummi oder Keksstück?"

„Nein, wir gehen zum Zähnestutzen", sagt Iggy und piekst Motz den Ellbogen in die Rippen. Der ist sofort hellwach und schwingt die Fäuste.

„Jaa!", quiekt er und boxt wild in der Luft herum. „Zähnestutzen, pau-pau!" Mick klatscht in die Hände und singt: „Auch Mick Schnodder hat's gewutzt, heut' wird der Zahn beim Arzt gestutzt!".

„Nichts da!" fährt Kai wütend dazwischen. „Ihr bleibt hier und basta!" Er lässt die kichernden Schnodders in seinem Zimmer zurück, saust ins Bad und schließt die Tür hinter sich. Wenigstens heute, direkt vor dem Zahnarztbesuch, möchte er die Zähne gründlich putzen.

Wie war das noch gleich, überlegt er vor dem Spiegel. Wie sollte man noch mal richtig putzen? Der Zahnarzt hatte ihm genau erklärt, wie die Zähne am besten sauber werden. Später hat er es sogar einige Male mit seiner Mutter geübt, aber jetzt wollte es ihm beim besten Willen nicht mehr einfallen.

Egal, denkt er, Hauptsache die Zahnbürste wird benutzt und in meinem Mund riecht es nachher nach Zahnpasta.

Also steckt er die Zahnbürste in den Mund, verteilt die Zahnpasta überall, kaut auf der Bürste herum, bürstet noch einmal kräftig über die Schneidezähne und spült sich nach 20 Sekunden den Mund wieder aus.

Das muss reichen, denkt er, als Mama den Kopf durch die Badezimmertür steckt.

„Fertig?", fragt sie.

Kai nickt. „Dann nimm deine Sachen und los geht's."

Kai greift um die Ecke ins Kinderzimmer und angelt sich

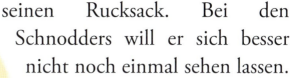
seinen Rucksack. Bei den Schnodders will er sich besser nicht noch einmal sehen lassen. Die sollen schön in der Sockenschublade bleiben. Kai drückt Mama den Rucksack in die Hand. „Der ist aber schwer", sagt die. „Was hast du denn alles dabei?" Kai zuckt die Schultern. „Autos und ein paar Sammelkarten", sagt er. „Falls wir warten müssen."

Aber warten müssen Kai und seine Mutter gar nicht. Sie haben gerade erst im Wartezimmer Platz genommen, als Kais Name bereits aufgerufen wird.

„Hallo Kai, Mensch bist du im letzten halben Jahr gewachsen", begrüßt ihn Doktor Putz freundlich. „Hast du schon einen Wackelzahn?"

Kai schüttelt den Kopf. „Viele Kinder in meinem Kindergarten haben schon welche, aber ich nicht."

„Das kann nicht mehr lange dauern", meint Doktor Putz und zeigt auf den großen Behandlungsstuhl. „Nimm Platz, Kai, dann kann ich mir deine Zähne anschauen." Kai schluckt und klettert auf den Stuhl.

„Klasse, was ist das denn für ein Ding?", hört er in diesem Moment eine schrille Stimme rufen.

Oh, nein!, denkt er. Die Schnodders. Bitte nicht!

Schnell schaut er von Doktor Putz zu seiner Mutter, die aber beide scheinbar nichts mitbekommen haben. Er dreht den Kopf und da sieht er Iggy. Der Kobold turnt in dem kleinen Waschbecken neben dem Behandlungsstuhl herum.

„Wo kommst du denn her? Zisch ab", flüstert Kai und guckt den Kobold böse an. Iggy grinst nur und rutscht auf dem Po im Waschbecken herum. Neben dem Stuhl, auf dem Mama sitzt, sieht Kai in diesem Moment seinen Rucksack wackeln. Micks roter Schopf taucht auf.

„Wo geht das denn an?"

Kais Blicks fliegt zurück zum Waschbecken. Iggy schaut neugierig in den gebogenen Wasserhahn.

„Nein!", ruft Kai und schüttelt wild den Kopf, denn im gleichen Moment entdeckt er Mick unter dem Behandlungsstuhl, der gerade zum Sprung auf das Fußpedal ansetzt, mit dem Doktor Putz den Stuhl – und den Wasserhahn! – bedienen kann.

Doktor Putz schaut Kai fragend an. „Seit wann hast du denn Angst vor mir?", fragt er augenzwinkernd.

Kai wird klar, dass auch Doktor Putz die Kobolde weder hören noch sehen kann. Jetzt geht das Wasser im Waschbecken an und spritzt erst auf Iggy und dann auf Kai.

„Koboldwaschanlage!", kreischt Iggy und schüttelt sich, dass die Tropfen nur so fliegen.

Huch, da stimmt wohl etwas mit dem Pedal nicht", sagt Doktor Putz und beugt sich hinunter.

Kai spürt etwas an seinem Bein hinaufklettern. Er zappelt mit den Füßen bis Mick aus seinem Hosenbein purzelt und ruft laut: „Schluss jetzt!" Seine Mutter guckt ihn besorgt an.

„Schatz, alles gut?", fragt sie vorsichtig.

„Nein, äh doch. Ja.", seufzt Kai, der aus dem Augenwinkel gerade noch sieht, wie Iggy und Mick, das Behandlungszimmer durch den Türspalt verlassen.

Aus seinem Rucksack schnarcht es leise. Von einem schlafenden Motz Schnodder ist nicht viel zu befürchten, denkt Kai und lehnt sich seufzend im Behandlungsstuhl zurück.

„Komisch", sagt Doktor Putz und taucht von unter dem Stuhl auf. „Da scheint sich etwas verklemmt zu haben. Na dann mal los. Luke auf", bittet er und tippt Kai auf die Lippen.

Widerwillig klappt der die Zähne auseinander. Doktor Putz leuchtet mit seiner Stirnlampe in Kais Mund und untersucht jeden Zahn mit seinem kleinen Spiegel.

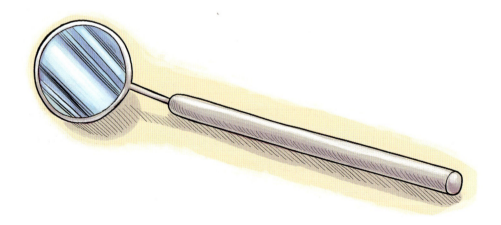

„Nun ja", sagt er nach einer Weile und schaut erst Kai und dann Mama nachdenklich an. „Da hat aber jemand die richtige Zahnputztechnik vergessen. Dabei müsstest gerade du dir das doch gut merken können." Kai guckt fragend.

„Na, weißt du nicht mehr? Zähne putzen mit der KAI-Methode. Kai, wie dein Name. Du putzt in dieser Reihenfolge: K-A-I. Erst „K" wie Kauflächen, dann „A" wie außen putzen und zum Schluss „I" wie innen. Hast du das so gemacht?" Kai schüttelt den Kopf. Er traut sich gar nicht zu sagen, dass er genaugenommen gar nicht richtig geputzt hat. „Ich sehe bei dir ganz schön viele 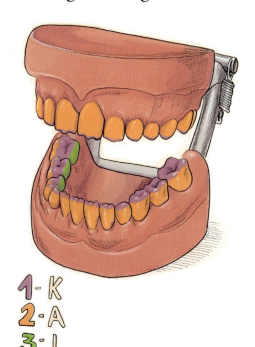 Beläge auf den Zähnen", erklärt Doktor Putz. „Diese Beläge müssen wegebürstet werden. Mit der Zahnbürste geht das ganz gut. Aber man muss es regelmäßig machen. Ganz wichtig: Jeden morgen nach dem Frühstück und jeden Abend nach dem Abendessen die Zähne putzen. Und immer mindestens 3 Minuten. Manchmal muss man auch länger putzen, sonst setzen sich die Zahnbeläge fest, so wie jetzt bei dir. Solche Beläge heißen Plaque und sie produzieren Säure. Und diese Säure macht den Schutzfilm auf deinen Zähnen kaputt, so dass Löcher entstehen können. Das nennt man

Karies. Karies führt nicht nur dazu, dass die Zähne kaputt gehen, die Löcher sind oft auch sehr schmerzhaft."

Kai guckt ganz erschrocken.

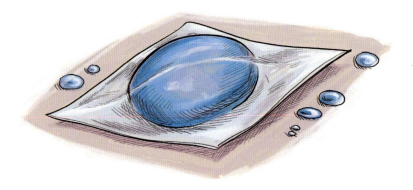

„Habe ich jetzt große Löcher?", fragt er mit bebender Stimme und ist fürchterlich erleichtert, als Doktor Putz den Kopf schüttelt.

„Nein, du hast bisher immer so gut geputzt, dass die Beläge noch nicht so stark waren. Aber ich glaube, in letzter Zeit warst du nicht sehr gründlich bei der Sache. Da sind die Beläge stärker geworden. Ich möchte dir mal zeigen, wie viele es sind. Hier Kai, kau mal diese Färbetablette."

Kai bekommt von Doktor Putz eine kleine lilafarbene Tablette und zerkaut sie. Doktor Putz reicht ihm einen Handspiegel.

„Bitte lächeln!", sagt der Zahnarzt und Kai lächelt sein Spiegelbild an. Das lächelt zurück, mit völlig blauen Zähnen. An den Rändern zum Zahnfleisch sind sie richtig dunkelblau.

„Alles, was blau ist, sind Beläge", sagt Doktor Putz.

„Eigentlich bekommst du sie mit der Zahnbürste ganz gut weg, weil sie noch recht weich sind. Heute werde ich das mal ganz gründlich machen. Denn wenn die Beläge erst einmal hart sind, wird es schwieriger."

„Och wie schade", hört Kai da eine bekannte Stimme. Motz ist wach geworden und steht nun mitten im Behandlungszimmer. „Wo Blau doch eine so schöne Farbe ist." Der kleine Kobold guckt ganz verträumt auf Kais blaue Zähne. Dann schaut er sich um. Aus dem Behandlungszimmer nebenan ertönt ein lautes Kichern. Iggy und Mick scheinen viel Spaß zu haben. Kurzerhand verschwindet auch Motz um die Ecke.

„Mama, würdest du die Tür zumachen?", fragt Kai. „Ich glaube, es zieht ein bisschen."

Seine Mutter schließt die Tür. Kai fällt ein Stein vom Herzen.

Doktor Putz steckt ein weiches Gummibürstchen auf den silbernen Halter, der an seiner Instrumentenkonsole hängt. Mama schaut ihm neugierig über die Schulter. „Ganz schön viel Schmodder auf deinen schönen Zähnen", seufzt Mama und Kai zuckt zusammen. Schmodder klingt fast wie Schnodder und ganz kurz dachte Kai, der Besuch seiner – naja – Freunde wäre aufgeflogen. Er öffnet den Mund und Doktor Putz beginnt, seine Zähne zu reinigen. Das brummt und kribbelt ein bisschen an den Lippen. Als Doktor Putz fertig ist, knipst er das helle Licht über dem Stuhl aus und Kai fährt sich mit der Zunge über seine Zähne.

„So schön glatt!", ruft er verwundert. Er hatte schon fast vergessen, wie gut sich frisch geputzte Zähne anfühlen. Doktor Putz lacht. „Und damit das auch so bleibt, werde ich dir und deiner Mutter jetzt noch einmal die wichtigsten Dinge erklären. Also, zuerst noch einmal die Zahnputztechnik. Hier Kai, nimm mal diese Zahnbürste in die Hand." Er reicht Kai eine durchsichtige, grüne Bürste.

„KAI", sagt Kai. „Kau-flächen, Außenseiten, Innenseiten."

„Richtig", sagt Doktor Putz. Kai zeigt dem Zahnarzt, wie er die Zähne putzen würde.

„Au!" Ganz hinten tut Kai etwas weh.

„Lass mich mal gucken", sagt Doktor Putz und knipst sein Licht noch einmal an.

„Habe ich doch ein Loch?", fragt Kai.

„Nein, sagt Doktor Putz und lächelt. „Da hinten kommt dein erster bleibender Backenzahn. Der kommt bei allen

Kindern in deinem Alter. Dazu gibt es dann auch noch eine kleine Zahnputzbesonderheit. Aber nicht für dich, sondern für deine Eltern. Da du schlecht selbst an den neuen Zahn kommst, weil er erst einmal etwas tiefer liegt, als die restlichen Zähne, putzen am besten Mama oder Papa diesen Zahn. Und zwar mit einer Methode, die „Querputzen" heißt. Dazu drehen Sie die Zahnbürste etwas in die Richtung von Kais Ohr und putzen von der Seite", erklärt Doktor Putz Kais Mutter.

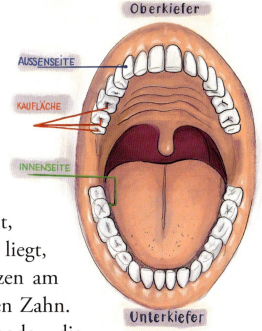

Er will ihr gerade die Zahnbürste geben, damit sie es einmal ausprobieren kann, als aus dem Nachbarzimmer erst ein Poltern und dann ein irres Kichern zu hören ist.

„Was ist das denn?", fragt Kais Mutter verdutzt.

Doktor Putz zuckt die Schultern und verlässt den Raum.

„Es ist nicht zu fassen", sagt er lachend, als er nach ein paar Minuten zurückkommt. „Im Nebenzimmer sitzt eine alte Dame, die behauptet, Kobolde hätten ihr Ersatz-

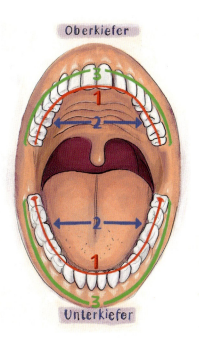

39

Gebiss, das sie zur Kontrolle zu uns gebracht hat, geliehen. Drei seien es gewesen, einer frecher als der andere. Und einer von ihnen hätte eine blaue Mütze getragen."

Kai wird ganz blass. Wie kann es sein, dass diese alte Dame die Schnodders sehen kann?

„Als ich in den Raum kam, stand die Dame vor dem Behandlungsstuhl, kicherte und warf mit Bonbons um sich. Sie hatte die ganze Tasche voll.

Als meine Kollegin sagte, bei so viel Bonbons müsse sie sich aber immer gut die Zähne putzen sagte sie: „Pustekuchen, ich putze mir NIE die Zähne. Schließlich habe ich ein Gebiss."

Doktor Putz hält sich den Bauch vor Lachen, als er das erzählt. Auch Kai muss grinsen. Dass das den Schnodders gefällt ist klar wie Kloßbrühe. Kais Mutter sieht etwas verdattert von Kai zu Doktor Putz. Sie scheint das Verhalten der alten Dame eher eigenartig zu finden.

„Wo waren wir eigentlich stehengeblieben?", fragt Doktor Putz und wischt sich eine Lachträne aus dem Augenwinkel. „Ach ja, Ihre Aufgabe. Sie putzen quer, also den Backenzahn und passen auf, dass Kai sein Gebiss ...", wieder muss er lachen. „Nein, dass Kai seine Zähne richtig blank bekommt. Putzen kann er schon alleine, aber bis Kai ins zweite Schuljahr kommt, putzen Sie einmal am Tag nach. Am besten abends. Und danach gibt es nichts mehr zu futtern. Schon gar nichts Süßes." Mama nickt und Kai guckt verlegen, als er an die Schokoschlacht mit den Schnodders denkt.

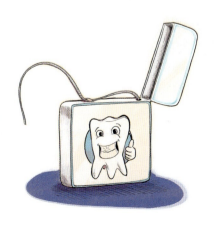

„Später, wenn du älter bist, wirst du anstelle deiner Milchzähne bleibende Zähne haben. Da diese Zähne meist enger zusammenstehen als die Milchzähne, kann man dazwischen mit der Zahnbürste nicht mehr so gut saubermachen. Daher solltest du dann mit deiner Mama mal üben, deine Zähne zusätzlich mit Zahnseide zu reinigen.

Und noch etwas ist wichtig", sagt Doktor Putz. „Kai, kennst du den zuckerfreien Vormittag?"

Kai schüttelt den Kopf. Zuckerfrei klingt schon mal gar nicht gut, findet er. Aber was der Zahnarzt ihm dann erklärt, klingt nicht so schlimm wie gedacht.

„Morgens frühstückst du und dann putzt du ja nach dem Essen die Zähne, richtig?" Kai nickt. Dass er das die letzten Wochen nicht getan hat, wird er jetzt besser nicht erzählen. „Nach dem Zähneputzen isst und trinkst du bis zum Mittagessen nichts Süßes mehr. Also kein Schokobrot in der Pause und auch keine anderen Süßigkeiten oder süßen Getränke. Dafür ein herzhaftes Brot und schön knackiges Obst oder Gemüse."

„Wozu soll das gut sein?", fragt Kai. „Dein Speichel, also deine Spucke, wird beim Kauen produziert. Wenn du also eine Möhre knabberst, wird die Speichelproduktion gut angeregt. Der Speichel macht, dass das Essen gut in deinen Bauch rutscht. Aber er kann noch mehr, nämlich deine Zähne schützen", sagt Doktor Putz. „Dafür braucht er aber Zeit. Die bekommt der Speichel, wenn er eine Weile nichts Süßes kriegt. Süßes produziert im Mund nämlich Säuren und die greifen deine Zähne an. Der Speichel verdünnt diese Säuren, so dass sie dem Zahnschmelz nicht schaden können und außerdem bildet er diesen Schutzfilm, der deine Zähne sogar härtet. Wenn man immer wieder Süßes isst, schafft der Speichel das nicht und dann entstehen Beläge."

Kai staunt und auch Mama guckt ganz interessiert. Sie hat zwar schon immer gesagt, Kai solle in der Schule nichts Süßes essen, aber dass bei einer Süßpause auch die Zähne geschützt werden, scheint auch ihr neu zu sein.

„Darf ich dann nie wieder naschen?", fragt Kai verzagt. „Natürlich darfst du naschen", lacht Doktor Putz.

„Nach dem Mittagessen einen Nachtisch und nachmittags ein Eis oder Gummibärchen oder Schokolade sind absolut erlaubt. Nur isst du am besten eine ganze Portion Süßkram auf einmal und nicht über den Nachmittag verteilt."

„Weil dann die Spucke alles wieder wegspülen kann!", ruft Kai und Doktor Putz nickt und hält den Daumen hoch. Genau wie auf dem Foto von Kais erstem Zahnarztbesuch.

„Noch Fragen, Kai?"

Kai schüttelt den Kopf.

„Dann bekommst du noch ein paar Färbetabletten von mir, zur Kontrolle, ob du alle Stellen beim Putzen erwischt hast. Und dann sehen wir uns in einem halben Jahr wieder", sagt Doktor Putz und verabschiedet sich von Kai und seiner Mutter.

Kai nimmt seinen nun leeren Rucksack und verlässt das Behandlungszimmer. Vor der Tür des benachbarten Raumes bleibt er stehen. Kai sieht die alte Dame, von der Doktor Putz erzählt hat, auf der Kante des Behandlungsstuhls sitzen. Sie ist klein und rund und hat lustige graue Locken, in denen bunte Haarspangen stecken. Sie redet mit … ja, wem eigentlich? Der Zahnarzt ist noch gar nicht bei ihr.

Kai geht einen Schritt vor, um besser ins Zimmer hineinsehen zu können. Das hat er sich doch gleich gedacht. Er sieht er die drei Kobolde um die Frau herumspringen. . Die Frau klatscht in die Hände und lacht, als Motz ein angebissenes Butterbrot aus ihrer Handtasche zieht und herzhaft hineinbeißt.

„Weißt du, mein Hund – Rupert, heißt er – ist auch ganz wild auf Butterbrot. Er frisst so gerne Leberwurst, dass er heute Morgen alle meine Butterbrote abgeleckt hat."

Motz grinst mit vollen Backen.

„Mmm", mümmelt er. „Hundfpucke mag iff befonders gerne." Kai sieht, wie Iggy versucht, seinem Bruder Mick das Ersatz-Gebiss der alten Dame in den viel zu kleinen Koboldmund zu schieben. „Weiter auf!", befiehlt er und drückt kräftig.

Als Doktor Putz den Behandlungsraum betritt, springen die Kobolde blitzschnell in die große, geblümte Tasche der alten Dame. Die greift sich ihr Gebiss, lässt es in die Tasche fallen und zieht den Reißverschluss zu. Dann schüttelt sie Doktor Putz die Hand, sagt „Gutentagaufwiedersehen" und hüpft mit klappernden Absätzen von der Kante des Behandlungsstuhls. Doktor Putz schaut ihr verwundert hinterher.

„Tschüss!", ruft Kai.

Seine Mutter guckt ihn verwundert an. Er grüßt sonst nicht so gerne fremde Leute. „Tschüss", sagt die alte Dame und zwinkert ihm verschwörerisch zu. In ihrer Handtasche raschelt und kichert es.

„Tschüssikowski!", hört Kai Iggy rufen. „Auf zu neuen Abenteuern!"

„Ja, diesen Rupert möchte ich wirklich mal sehen", gackert Mick.

„Welchen Rupert?", hört Kai Motz fragen.

„Na, den mit der langen Zunge", sagt Mick.

„Hat der blaue Zähne?", fragt Motz. Dann hört Kai nur noch ein Knuffen aus der Tasche, ein „AU!" und ein

„Blödschnodder!" und dann ist die alte Dame samt den Kobolden verschwunden. Wenn Kai ehrlich ist, ist er richtig froh, die Schnodders los zu sein.

„Gehen wir ein Eis essen?", fragt er Mama.

„Wenn du heute Abend gut deine Zähne putzt, ganz bestimmt."

„Wenn du gut nachputzt, schaffe ich sogar drei Kugeln!", ruft Kai und hüpft fröhlich pfeifend die Treppen zur Straße hinunter.

„Es schmeckt so fein die Schokolade, da wär' doch Zähne putzen schade …" singt er und als Mama komisch guckt, erfindet er schnell noch eine Strophe: „Die Schnodders haben es gewutzt, nach dem Essen wird geputzt."

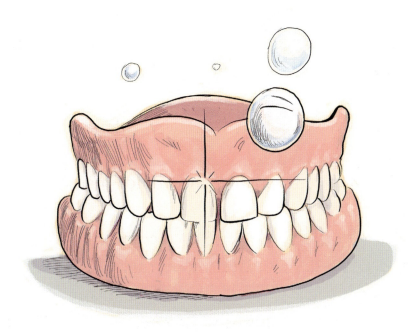